**L'auteur**
**Dominique de Saint Mars**

Après des études de sociologie,
elle a été journaliste à *Astrapi*.
Elle écrit des histoires
qui donnent la parole aux enfants
et traduisent leurs émotions.
Elle dit en souriant qu'elle a interviewé
au moins 100 000 enfants...
Ses deux fils, Arthur et Henri,
ont été ses premiers inspirateurs !
Prix de la Fondation pour l'Enfance.
Auteur de *On va avoir un bébé*,
*Je grandis*, *Les Filles et les Garçons*,
*Léon a deux maisons* et
*Alice et Paul, copains d'école*.

**L'illustrateur**
**Serge Bloch**

Cet observateur plein d'humour
et de tendresse est aussi un maître
de la mise en scène.
Tout en distillant son humour généreux
à longueur de cases, il aime faire sentir
la profondeur des sentiments.

# Lili découvre sa Mamie

Série dirigée par Dominique de Saint Mars


Imprimé en Italie
ISBN : 978-2-88445-105-5

*Ainsi va la vie*

# Lili découvre sa Mamie

Dominique de Saint Mars

Serge Bloch

CALLIGRAM
CHRISTIAN GALLIMARD

Je vais faire que
m'embêter chez Mamie.
Max, lui, tu ne l'obliges pas
à y aller !
Moi, je suis
invité chez Tom !

Et ça se voit qu'elle préfère Max. À Noël, elle s'est moquée de ma coiffure... en « queue de vache »
C'était pour rire, Lili. Tu ne la connais pas bien. Au revoir ma puce, embrasse-la pour moi.

ET APRÈS UN TRAJET SANS HISTOIRE...

Eh, Lili !
Ah, c'est toi, Mamie ? Mais tu t'es coupé les cheveux ?

Je me dépêche, j'ai
encore deux vieilles dames
à aller piquer avant
de rentrer !
GASP !

Oh,
je suis infirmière,
tu sais !

Bonjour grand-père !
Uranus, Vénus.

Il est plongé
dans ses livres
d'astronomie.
Attends,
tu vas voir !

Léon !... Lili est arrivée !

Ah... c'est bon d'avoir une petite Lili chez soi ! Allez, je retourne dans les étoiles.

Mamie, c'est à toi cet oiseau ?
Oui, c'est un jeune tombé du nid, un moineau.

Mets-lui ce bout de viande dans la gorge. Pour lui ouvrir le bec, presse doucement des deux côtés avec tes doigts.
Tu sais bien t'en occuper...

Tu vas chercher des œufs pour faire un gâteau ?
Où il est le magasin ?
Sous les poules... dans le poulailler ! Prends un bâton si tu as peur du coq.

Moi, avoir peur du coq, Pff ! ! !

Hum, peut-être que j'aurais dû prendre un bâton quand même.

J'en ai cassé quelques uns... Si on faisait une omelette à la place du gâteau ?

D'accord, on va chercher des champignons ! Il a plu cette nuit.

Regarde, Mamie, il y a un chien.
Il n'a pas l'air méchant !
Non...
il a l'air perdu... il n'a
pas de collier.

Regarde, il nous
suit.

Tu es tout mouillé ! Il te faut une maison... pour te sécher ! Hein, Mamie, d'accord ?

On va t'appeler Serviette !

LE LENDEMAIN, LA MÈRE DE LILI TÉLÉPHONE...
Oui, maman, c'est génial ! J'ai trouvé des œufs et un chien...

... Non, je n'ai pas encore pris mon bain, mais Mamie dit que ça va... Et on s'est couché tard... Mais non, je ne suis pas fatiguée... et Mamie veut bien !

Maman, attends... pour le chien... Si on ne retrouve pas son maître, je pourrai le ramener ? Il est mignon, tu ne peux pas savoir !
Pourquoi pas question ? Je n'ai jamais eu d'animal à moi... Mais si, je m'en occuperai bien de celui-là... Bon... oui... je comprends... au revoir, maman.

SNIF, SNIF... Maman, elle ne veut jamais rien !
Ma petite Lili, tu es triste !... On va le garder, nous, Serviette.

Ça me rappelle une grande tristesse que j'ai eue à ton âge. J'avais trouvé un oiseau. Je l'avais plongé dans une mare pour le laver. Et je l'ai ressorti, il était mort... Mon père était très fâché.

Ah, il était comment ton père ?

Là, c'est moi avec mon père et là, ma grand-mère.
Tu avais aussi des queues de vache, toi !

Oui ! Et là, c'est ta mère à ton âge !

Ton grand-père cédait à tous ses caprices.
Maman ne lui ressemble vraiment pas !

Enfin, moi, elle m'a toujours dit qu'elle était sage...
Tiens, tiens, chère maman !
Même le jour où elle s'est fait renvoyer de l'école ?

ET LES JOURS PASSENT...

Ce sera ton arbre, c'est toi qui le verras grand !
Tu vois Serviette, quand on sera vieux, on aura un arbre.

Vite, on va rater
les infos !
Ah, c'est cool
la vie ici !

C'est quoi,
ce mot-là ?
C'est cool-Raoul !

CRAT! CRAT!

C'est toi qui fais tout ce bruit ? Tu veux sortir ? Attends, je vais t'ouvrir.
WOUAF !

Pourquoi,
il ne revient pas ?

Serviette ?
Serviette ?

J'ai entendu du bruit !
Serviette est parti !

On ne peut pas l'obliger à rester s'il préfère la liberté...

Mais j'étais son amie. Je l'avais soigné et tout...
Quoi, vous n'êtes pas couchées ! Alors, venez voir le ciel. Il est tellement clair ce soir !

Aïe, aïe, aïe ! Mais qu'est-ce que je vois dans ces yeux-là ? Des étoiles qui brillent ? !

Bouh, Serviette est parti !
Ne t'en fais pas. Il va peut-être revenir. Dans la vie tout change tout le temps.

Regarde le ciel, tu crois qu'il ne bouge pas... En fait, il est en perpétuel mouvement !
Je me demande vraiment comment tout ça tient...

ET COMME TOUT A UNE FIN...
Allez...
il faut se coucher...

ET LE LENDEMAIN...
Bon, je n'ai rien oublié, mon livre sur les étoiles, mes cailloux, les plumes de geai, la photo de Serviette...
On peut y aller, Mamie !

Vous venez, les filles... On va rater le train.

C'était super, ces vacances !
Ah oui, c'était cool ! N'est-ce pas, Lili !

J'en connais un
qui sera jaloux quand
il saura tout
ce que j'ai
fait !...

# Et toi...

Est-ce qu'il t'est arrivé la même histoire qu'à Lili ?

Les vois-tu souvent ? Connais-tu leurs goûts, leurs activités, leur travail ?

Les trouves-tu très différents de tes parents ? Qu'est-ce que tu préfères chez eux ?

Oses-tu leur dire ce que tu penses et même des secrets ?

As-tu l'impression de leur ressembler ?

Est-ce qu'ils t'apprennent des choses, sur leur passé, sur la vie ?

As-tu encore tes arrière-grands-parents ? Les connais-tu bien ?

Est-ce que tu les vois souvent,
mais tu ne sais pas très bien quoi leur dire ?

Si tu les vois rarement, est-ce parce qu'ils sont loin
ou très occupés ou très vieux ?

Aimerais-tu faire quelque chose avec eux,
voyage, excursion, jardinage ? ou...

Est-ce qu'ils t'intimident ? Penses-tu à leur envoyer une carte postale ? À leur téléphoner ?

Ne les as-tu jamais connus ? Étaient-ils déja morts quand tu étais petit ? Penses-tu à eux ?

Connais-tu une personne de leur âge qui est un peu comme un grand-parent pour toi ?

**Après avoir réfléchi
à ces questions
parles-en avec tes grands-parents,
tes arrière-grands-parents,
tes parents ou tes amis.**